JAN ERIK VOLD

ALCE

EDICIONES encuentros imaginarios - SIESTA FÖRLAG

ZONA ARKTIS

1. 29 JAICUS Y OTROS POEMAS de Tomas Tranströmer, 2003
2. ELVIS, ARENA PARA EL GATO Y OTRAS COSAS IMPORTANTES, 2003
3. LA CASA ES BLANCA de Jan Erik Vold 2008
4. YO HE VISTO ESTRELLAS QUE DEJARON DE APAGARSE de Nils Yttri, 2009
5. ESPERANTO DEL CUERPO de Birgitta Boucht, 2009
6. EL PAÍS QUE NO ES de Edith Södergran, 2009
7. LUEGO DE NOSOTROS, SIGNOS de Tor Ulven, 2009
8. RUIDO de Tone Hødnebo, 2010
9. LLUVIA EN/ REGN I HIROSHIMA de Tarjei Vesaas, 2010
10. IDEALES EN OFERTA de Henry Parland, 2010
11. ABIERTO TODA LA NOCHE de Rolf Jakobsen, 2010
12. DE HABITACIÓN EN HABITACIÓN Sad & Crazy de Jan Erik Vold, 2011
13. LA REALIDAD MISMA de Gunvor Hofmo, 2011
14. MARIPOSA de Birgitta Boucht, 2011
15. POEMAS SELECTOS de Gungerd Wikholm, 2011
16. ESPEJOS QUE HUYEN (bilingüe) de Rabbe Enckell, 2012
17. MINIMUM de Anne Bøe, 2012
18. DIJO EL HACEDOR DE SUEÑOS (bilingüe) de Jan Erik Vold, 2014
19. PIEDRAS Y LUZ de Peter Sandelin, 2015
20. DOCE MEDITACIONES de Jan Erik Vold, 2015
21. ALCE de Jan Erik Vold, 2015

ZONA SIESTA

1. MALMÖ ÄR EN DRÖM av Tomas Ekström, 2011
2. BERING OCH ANDRA DIKTER av Luis Benítez, 2012
3. DE TRE SENASTE ÅREN av Jorge Fondebrider 2015
4. EN VISS HÅRDHET I SYNTAXEN av Jorge Aulicino, 2015
5. BORDERLINE av Andrés Norman Castro, 2015

JAN ERIK VOLD

ALCE

(Selección y traducción: Roberto Mascaró)

EDICIONES **encuentros
imaginarios**

Diseño gráfico: Elmer Hernández
Portada: Duke Mental
© Jan Erik Vold
© de la traducción y de esta edición: Roberto Mascaró
ISBN: 9789187261008
encuentros imaginarios-Siesta förlag
Malmö, 2015
Encuentro – Poesimöte
Bergsgatan 13 A
211 54 Malmö
Suecia
Tel. 46+736783879

NORLA

Edición realizada con el apoyo de Norwegian Litterature Abroad

JAN ERIK VOLD

Nacido en Oslo, Noruega, pero residente en Estocolmo desde hace décadas, Jan Erik Vold es considerado uno de los más importantes poetas de Escandinavia. Además de poeta, es crítico literario, performer y activo participante de la vida literaria de Noruega. Es tal vez el único poeta que ha leído sus poemas en el Parlamento de su país. Paralelamente se ha encargado de presentar, reseñar y analizar la poesía nórdica y europea contemporánea en periódicos y libros como ningún otro poeta de esta región. Por esto, además de la gravitación que han tenido sus numerosos títulos de poesía y prosa, también su obra crítica se ha convertido en consulta obligada de antólogos y traductores.

Alce es un poemario de 1989 que toca en diversas secciones temas y cuestiones muy noruegas, incomprensibles para el lector no-noruego. Por esto hemos hecho una exhaustiva selección de textos dirigidos especialmente al lector hispanohablante.

Poema de apertura

MEDITACIÓN ENTRE CAMPO Y PINO

¡Mi Dios, por un reino!
                              Algo
hay que hacer ¿Pero qué?
Aquí no había
                    opción, sólo esto
o algo.
            Doy un largo paseo
-mas no ayuda, al contrario.
                              Me siento
aun peor.

Ahora que he olvidado
cómo fue, tal vez me sienta mejor.
No.
Sólo un poco más oscuro.
Si pudiese
volverme muy oscuro, lleno de oscuridad, como
estar borracho
sería lo mejor, abierto
como un campo. No el mejor
pero el mejor
cuando cuando uno no *puede* levantarse
en la luz limpia, eso
de encontrarse sobre una pradera
extensa, andar por allí y de a ratos
detenerse sobre pequeñas cabezas

en la hierba alta.
Pero
      ahora quieto, un sonido asordinado
de un oscuro
          rostro, un cálido, confiable
y a veces
-¿impactante? Una noche suave
              para salir, volátil
diversiones de la oscuridad, de labios
             y la luz
siempre en la ventana. Tal vez esa
era la cosa: ¿lustrar algo
          hasta que brille? Una ventana.

ALCE

No puedes llamarme
alce. No soy
ningún alce pero tengo
la paciencia

la persistencia
la fuerza
de un alce -la bondad
de un alce. Pateo fuerte

pero rara vez.
Sólo
cuando es
imprescindible.

*

Tú me ves
en
los signos de carretera
en la linde del bosque, en pinturas

al óleo
bajo cielos tormentosos, en
siluetas
sobre una puesta de sol

canadiense. En realidad
estoy
en otra
parte.

Yo vivo

en un relato
de Tarjei
Vesaas. Con largo cuello
con morro escrutador, que sabe
cómo
sabe
la corteza. Yo no

no me dejo encerrar
en los pequeños
pequeños
espejos de las carreteras.

UN POEMA SOBRE ESCRUTADORES OJOS AZULES

Mi anterior arrendatario era de esos
sobre los que al final uno lee
en los periódicos. Su truco era no dar

a los arrendatarios reglas ni contrato
para que sea imposible
pagar el alquiler, al tiempo que no se puede

vender ni cambiar
el lugar donde uno vive. Uno no tenía papeles
que mostrar. Así terminó la cosa

en que muchos arrendatarios dejaron el departamento

al dueño
cuando su paciencia acabó -entonces recibieron

de vuelta los depósitos, con descuento del alquiler
por el tiempo que habían vivido allí. Así
el casero se conseguía préstamo sin intereses

por x meses -y tenía la libertad
de renovar el departamento libre
y alquilarlo de nuevo, ahora amueblado

a embajadas que pagaban bien.
Yo me decidí a investigar
cómo se ven los ojos de una persona así

de modo que, cuando lo encontré una mañana en la
escalera
lo miré fijo a los ojos, su
aspecto jovial y sus ojos azules escrutadores

y le pregunté por sexta vez:
"¿Vendrán pronto esos libros de arrendamiento ?
"Claro que sí, Vold, los he enviado de la oficina
esta mañana", dijo el casero, como
seguro y entusiasta
como alguien que cuenta que en el cielo

está el sol brillando.
Nunca llegó ningún libro de arrendamiento.
Yo tampoco le creí

viéndolo allí en la luz
-pensé: Este es el aspecto de un mentiroso.
Confiable como un presidente.

LA HIJA HUÉRFANA

Le dije a mi padre: Padre, mi memoria
es tan mala. Mi padre respondió: Hija mía, tu padre

nunca olvida. Y él te ha dado ejemplos
de su du vida de lo bien

que recuerda. Entonces entendí que para mi padre
sólo existía mi padre. "¿Y entonces

comenzaste a odiar
a tu padre?" No, entonces me hice adulta.

LA MÍSTICA FUNDAMENTAL DEL CAPITALISMO

La mística fundamental del
capitalismo: cómo una corona, estando depositada

un periodo de tiempo, pare diez centavos
adicionales – por ejemplo: Depositas,

como dice el anuncio
20.000 coronas en tu cuenta de alquiler

en uno de los bancos más grandes. Luego de seis años
puedes ir al banco y recibir

35.532 coronas. La pregunta es: ¿A quién le han quitado
las
15.532 coronas noruegas?

GRACIAS, TOMA ASIENTO. ¿CUÁNTO ES 2 + 2?

Esta no es una cuenta para tercera edad, es
un poema para tercera edad. Es para anular a los
mayores

que son lo suficientemente tontos para haber vivido
mucho en el país
sin exigir su valor en oro. ¡A su lugar!

les decimos a los mayores. Entonces les quitamos
el dinero, deslizamos sus cuerpos en una bandeja

en el hogar de la tercera edad: así se llamaba la
clientela
de la institución de ancianos. Nos cuesta

bastante tenerlos depositados allí.
Es lo contrario a tener un criadero de pollos.

PROPOSICIÓN

Propongo que los ingresos del estado noruego
de todos los yacimientos petrolíferos, en su totalidad,
se destinen a la ayuda de los países subdesarrollados.

Oslo, 15-7-1970

PS/ Esta proposición se dirige también a
nuestros representantes, que deberán tratarla
cuando se reúnan, en el otoño.

DISCO EN BERGEN

Cuando 368 denuncias
de

violencia
policial en el distrito de

Bergen
se investigan por los colegas del dustrito de

Oslo, que encuentra
que 367

denuncias
no tienen fundamento - ¿a qué conclusiones llega uno

entonces? ¡Que ahora la gente debe
dejar

de ponerse en el camino de los liberados
bastones

policiales!

Si uno va a una competencia de aletismo,
uno no debe

después
venir a protestar, solo porque le golpeó

un disco
en la cabeza, desde atrás.

BALANCE NEGRO

Un hombre sin
contradicciones. Sus colaboradores
padecen de úlcera. Su voz
es profunda, suave, insinuante. Él quiere

ponernos un poco en razón, dice
él, ahora que hemos entrado
en un nuevo decenio. Y yo
doy la bienvenida a un nuevo decenio.

THE BLUES AIN'T NOTHIN'
BUT A GOOD MAN FEELIN' BAD

El último presidente, Mao,
dijo a Edgar Snow: "En realidad

en realidad no fui nunca otra cosa que un monje solitario
que anduvo por el mundo

con un paraguas agujereado: "Y a
Chiang Ching, su tercera

esposa: "Sabes que soy un hombre
viejo. Mi salud es cada vez más frágil. Igualmente

me atormentas con todo tipo de
pequeñeces. ¿Por qué no muestras nada de

piedad?" Y a Chou En-lai, el camarada

que estuvo firme junto a Teng Ying-chao

durante toda la larga
marcha: "Te envidio la mujer que tienes".

DE LOS ÚLTIMOS DÍAS DEL PATRIARCADO

Ingmar Bergman cumplió
60

recientemente, lo publicó
el periódico Aftonbladet. Con motivo de

la cifra
redonda

todos sus hijos
-los

ocho- se reunirán por primera vez. ¡Hurra
papá!

M

Suicidio
si es que fue suicidio

bajo la luna de mayo: Ya no
más

Ulrike M., más sensible
que muchos, no le encontró

sentido al camino. Dado
el otro camino, el que tiene sentido, es ahora

para nosotros, en tierra
firme, el encontrarlo.

CANCIÓN DEL CHELÍN

Soy Berit, desaparecí, pronto
    seré olvidada.

Soy Berit, fui encontrada, ¿quién me hizo
    desaparecer?

Soy Berit, fui desenterrada, todos saben
    quien me enterró.

Soy Berit, la más linda del pueblo, mientras
    nadie dijo dónde yacía.

Soy Berit, un rostro de foto de pasaporte
de Karihaugen, fui olvidada

cuando se fue la nieve – sí, cuando se fue la nieve.
Soy Berit, desaparecí, pronto

hallarán allí la próxima Berit – todo e
el bosque está lleno. Somos nación

aquí abajo – bajo la nieve, bajo la nieve
¡tralalalala!

AMISTAD EN EL SIGLO VEINTE

Ezra
Pound, el poeta,

el agitdor, hombre colosal, il miglior
fabbro

e idiota
político, escribió estas palabras

a la viuda en Nueva York, cuando
William

Carlos
Williams -amigo y camarada

desde la primera
mañana en que se encontraron

en el otoño de 1902, el septagenario Ezra como filólogo
clásico, el dos

años mayor Bill
como estudiante de medicina

en la Universidad de Pennsylvania -murió
el cuatro

de marzo de 1963: "He bore with me for more than
fifty

years. I shall never find
another

friend
like him."

COMO GRAVA EN UN CAMINO RURAL

¿Quién recuerda los discos 78, pesados
y negros, con desgarros
y susurros? También los había en gran formato "Let me

go 'way from the white man
boss". Y ahora está muerto, 77 años, Paul Robeson,
atleta, artista, luchador de la libertad-
el cantante que eliminó la palabra NIGGER

de Ol' Man River, se negó a cantar
para auditorios segregados, presionó al gobierno
a sancionar leyes anti-linchamiento, dio conferencias
sobre el racismo en los EEUU

por todo el mundo. Los blancos preguntaban: Si piensas
que es mejor en la URSS, ¿por qué no te mudas
para allí? El oscuro respondía: Mi padre fue esclavo, mi
pueblo

ha sangrado para constuir esta nación, ¡yo
soy parte de ella tanto como vosotros! El Comité
reaccionó
retirándole el pasaporte. También
las giras internas tuvieron que suspenderse, ninguna
ciudad en EEUU

arrendaba una sala de conciertos
hasta que cierto nombre era tachado
de los anales del deporte, la foto eliminada de
las paredes de la Universidad. El pasaporte lo ganó de
nuevo

ocho años después, luego
de un juicio contra el Estado. Entretanto la enfermedad
había puesto freno
a la carrera como cantante. Entonces vinieron

las pruebas de honor -él seguía impertérrito
a través de la lluvia. Como grava
en un camino rural. A la celebración en el Carnegie Hall
no concurrió, envió

en su lugar saludos
a la sala: -Deseo
que sepan que soy el mismo Paul, que arde
por paz y libertad y hermandad

entre todos los hombres del mundo. La salud
está frágil pero en el corazón
la chispa es siempre aguda. El que escucha, oirá
lo que el viejo disco

dice: "I keeps laffin'
instead of cryin' / I must keep fightin´
until I'm dyin' / And ol' man
river, he just keeps rollin' along."

KOAN PARA UN BURÓCRATA DE LA CULTURA

Jaroslav Seifert
obtuvo el Premio Nobel, un golpe liviano
para las autoridades
de su país, que ahora

lo quisieran o
no, se vieron obligados a aprobar de todos modos una
delgada
selección de poemas

traducidos
a otras
lenguas. Una persona de alto rango jerárquico se ocupó
de la cosa

en casa del poeta, pidió

el octogenario entender
qué complicada tarea era para
la Oficina Cultural elegir
los mejores

poemas. Seifert dijo que sí
y escuchó con
paciencia.
De pronto preguntó

al hombre de la Administración: ¿Recuerda usted cómo
se llamaba
el Ministro de Cultura
en tiempos de Balzac?

El burócrata

vaciló, se detuvo
y reconoció
que en realidad no lo sabía. Claro
que no, dijo Seifert.

PUESTA DE SOL SOBRE HURUMLANDET

Qué bella
puesta de sol

de noviembre, ¿han visto? La mitad
sol, la mitad

veneno, pensó el alce
y siguió

trotando sobre el pantano -bien, bien, bien.
Había

sobrevivido a otra temporada
de caza.

*El presente volumen, con la debida autorización del autor,
del agente y del editor, incluye parte de
los poemas originales publicados en
ELG, Jan Erik Vold,
Editorial Gyldendal Norge, Oslo, 1989*

www.ingramcontent.com/pod-product-compliance
Lightning Source LLC
Chambersburg PA
CBHW070206060426
42445CB00033B/1759